Pokémon™

PIKACHU

UNE DÉCO À CRÉER SOI-MÊME

404 EDITIONS

INSTRUCTIONS

1

Pour créer votre Pikachu, il vous suffit simplement de **suivre l'ordre des pages.** Vous commencez par le dos, qui va être la base de votre Pikachu, et vous continuez ainsi, partie par partie. Pour vous aider, retrouvez des photos du montage en fin d'ouvrage.

2

Détachez facilement les différents éléments de votre Pokémon grâce aux lignes de découpe ! Pour créer votre déco, vous n'avez besoin que de colle !

3

Les lignes en pointillé indiquent tous les pliages qu'il vous reste à réaliser pour donner vie à votre Pikachu. **Les pliages sont de deux sortes :**

pliage « montagne »

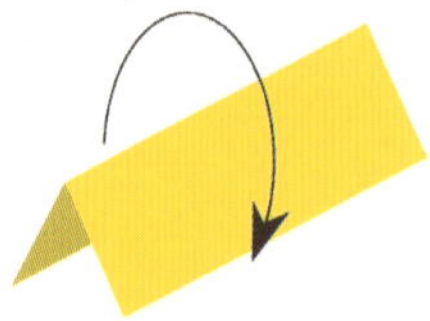

pliage « vallée »

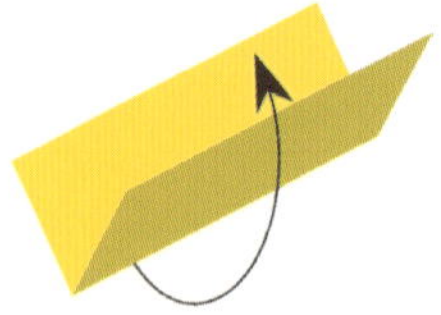

Si jamais vous bloquez à un moment, il se peut que vous vous soyez trompé dans vos pliages.

4

Reportez-vous aux numéros qui figurent sur chaque partie de votre Pikachu et **assemblez-les entre eux avec de la colle** (le 1 avec le 1, le 2 avec le 2, etc.). Pour monter facilement votre Pokémon, commencez par le numéro 1, et continuez ainsi jusqu'au numéro 68.

5

Vous vous retrouvez alors avec différentes parties : tête, bras, pieds, qu'il ne vous reste plus qu'à assembler ! **Chaque élément est associé à une lettre pour indiquer l'endroit où le coller.** Attention : si, à la fin, une lettre ou un numéro est encore visible, c'est que le pliage a été mal réalisé.

6

Pour **terminer le montage**, collez la queue de votre Pikachu en vous reportant aux lettres A et B.

7

Enfin, **il ne vous reste plus qu'à frimer en exposant votre œuvre** dans votre salon !

49
45
3
D
1
2
B
A

8

8

4

8

43

1

2

44

3

56

8
8
8
5
47
7
48

41

42

5

7

56

PapertoyMaker : Tougui

40
39
45
38
19
37
17
18
16
36
E
44
15
14
43

19
18
17
16
15
14
35
26
27
28

28
27
26
41
20
21
F
30
22
42
23
24
31
25
32
47
33
34

29
21
20
22
23
24
25

Ⓑ

4
Ⓐ

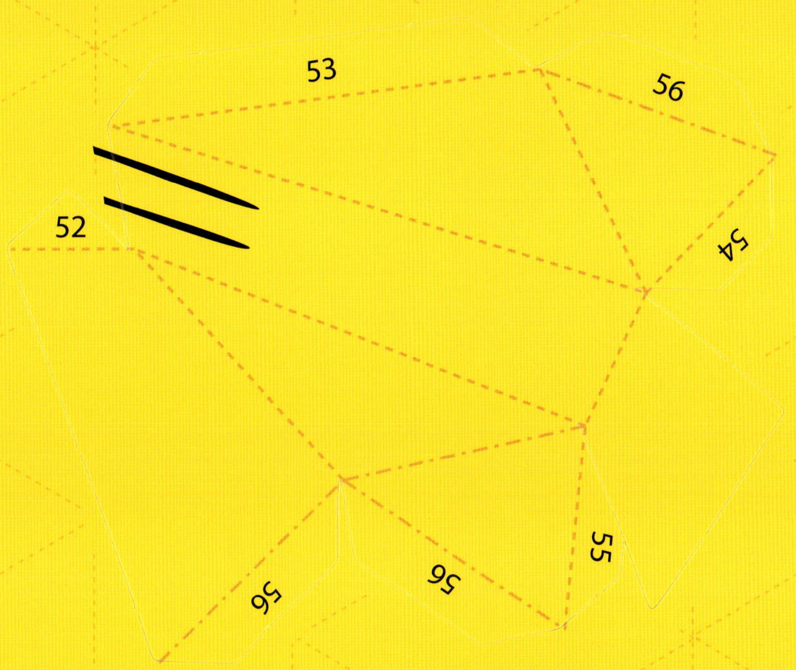
53
56
52
54
55
56
56

52
56
56
53
54
55
56

52
54
53
55
53
52
55
54

50
51
67
66
F

48
56
47
56
46
51
56
46
50
45
56
49
66
67

59
58
©
63
57
60
63
63
62
62
61
61

59
58
60
57
61
61
62
62
63
63
63

D
58
59
63
60
57
63
63
62
62
61
61
64
65
E

59
58
57
60
61
61
65
62
62
64
63
63
63

ET EN BONUS...

LA POKÉ BALL

INSTRUCTIONS

1

Pour créer votre Poké ball, il vous suffit simplement de **détacher facilement les différents éléments** grâce aux lignes de découpe ! Pour créer votre déco, vous n'avez besoin que de colle !

2

Les lignes en pointillé indiquent tous les pliages qu'il vous reste à réaliser. **Les pliages sont de deux sortes :**

pliage « montagne »

pliage « vallée »

Si jamais vous bloquez à un moment, il se peut que vous vous soyez trompé dans vos pliages.

3

Reportez-vous aux numéros qui figurent sur chaque partie de votre Poké ball et **assemblez-les entre eux avec de la colle.** Pour monter facilement votre Poké ball, commencez par le numéro 1 et continuez ainsi jusqu'au numéro 32.

4

Vous vous retrouvez alors avec différentes parties qu'il ne vous reste plus qu'à assembler ! **Chaque élément est associé à une lettre pour indiquer l'endroit où le coller.** Attention : si, à la fin, une lettre ou un numéro est encore visible, c'est que le pliage a été mal réalisé.

5

Dernière étape : **capturer des Pokémon !**

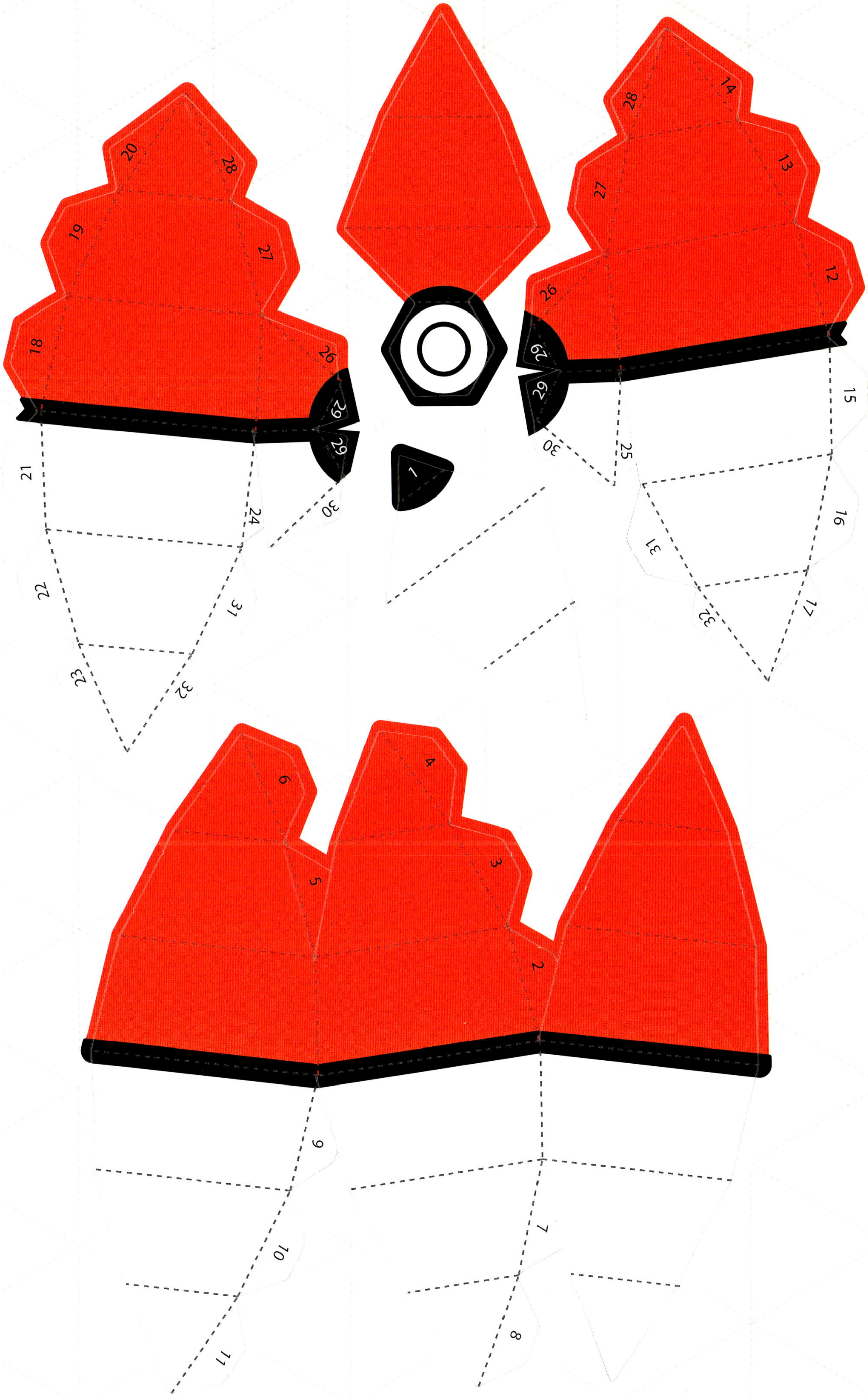
20
28
19
27
18
26
29
29
30
21
24
22
31
23
32
1
14
28
13
27
12
26
29
29
15
25
30
16
31
17
32
9
4
5
3
2
6
7
10
8
11

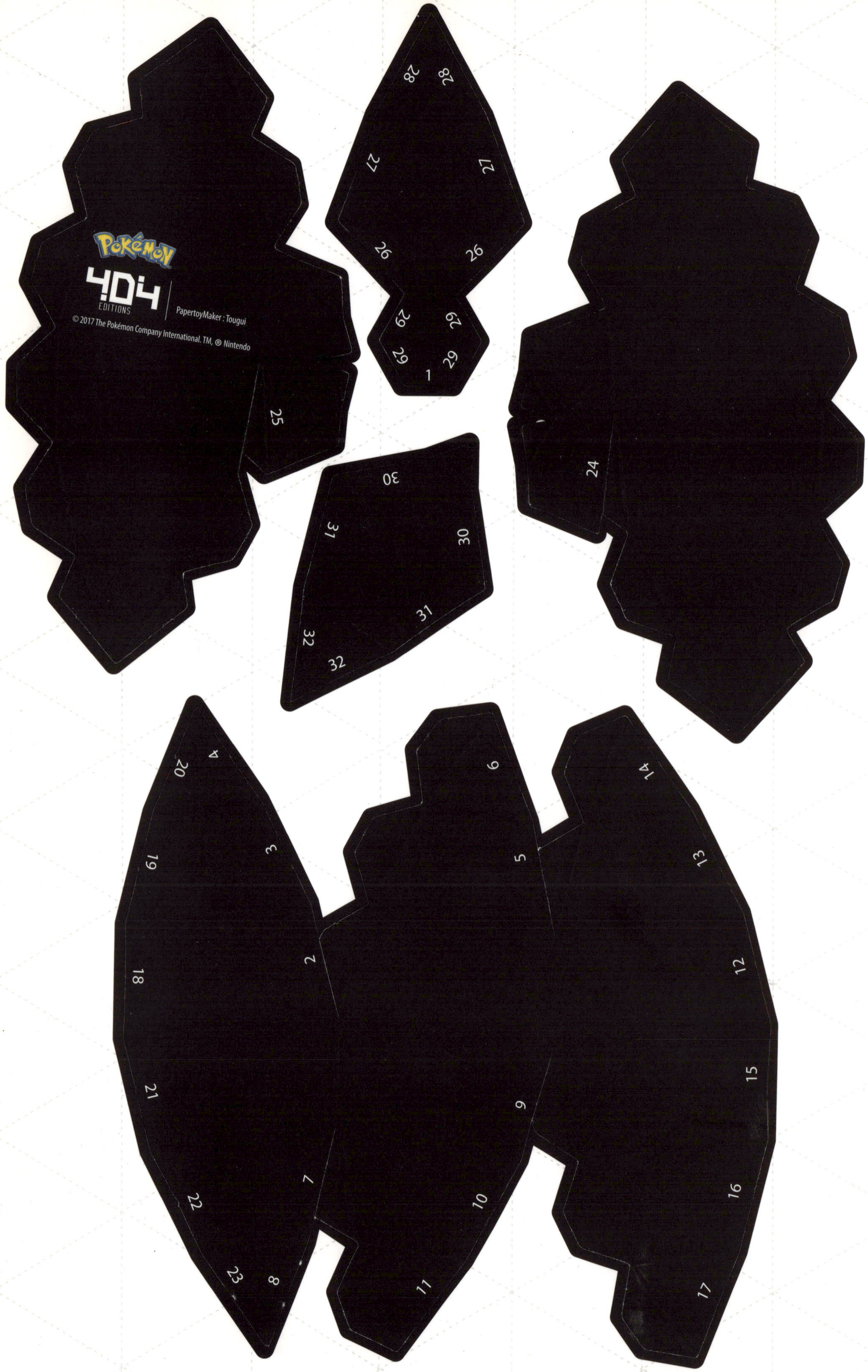
Pokémon
404 EDITIONS
PapertoyMaker : Tougui
© 2017 The Pokémon Company International. TM, ® Nintendo

LA PREUVE QUE C'EST FACILE, EN PHOTOS !

BIM !!!

CHANMÉ

WAOUHH !!!

404 ÉDITIONS
Un département d'Édi8,
12, avenue d'Italie, 75013 Paris.

Papertoy Maker : Tougui
Maquette : Axel Mahé
ISBN : 979-1-0324-0102-6
Dépôt légal : février 2017
Imprimé en Chine